CHANSONS

NOUVELLES

DE

MM. Em. DEBRAUX et Ch. LE PAGE.

2.ᵉ Livraison.

PARIS.

1826.

Le Rossignol.

Air : *Non jamais* (du Code et l'Amour).

Chante en paix, en paix, en paix,
Doux Rossignol de ce bocage,
Puisse l'air de l'esclavage
   Ne t'atteindre jamais ! *(ter)*

O toi qui, non loin de ma couche,
Prends gaîment tes gentils ébats,
Eh quoi ! mon aspect t'effarouche ;
Ah ! de grâce, ne t'enfuis pas.
   Bannis les craintes vaines
   Que t'inspire ma voix :
   Pour te donner des chaînes,
   J'en connais trop le poids.

Chante, etc.

Le jour vient, les puissans du monde,
Le front ridé par les chagrins,
Vont se prosterner à la ronde
Aux pieds d'orgueilleux souverains ;

Toi, l'on te voit sans cesse,
A ton joyeux réveil,
Par tes chants d'allégresse,
Saluer le soleil.

Chante, etc.

Jadis renversant nos murailles,
De la mort peuplant les banquets,
L'airain foudroyant des batailles,
Dévasta jusqu'à nos bosquets ;
　Mais ce bronze, naguère
　La terreur des amours,
　Est maintenant sur terre
　Le signal des beaux jours.

Chante, etc.

Si deux fois, avec arrogance,
Le jargon barbare du Nord,
Souillant les échos de la France,
A glacé ton joyeux essor,
　Tu dois après l'orage,
　Reprenant tes concerts,
　Par ton noble ramage
　Purifier les airs.

Chante, etc.

Pour orner ta gentille gorge
De faveurs, de croix, de rubans,
Jamais pour François ni pour George,
Tu n'as prodigué tes accens :
  Même aux jours de souffrance,
  Loin du fracas des Cours;
  En France et pour la France
  Tu gazouillas toujours.

Chante, etc.

Veux-tu dans leur course riante
Des plaisirs enchaîner la fleur,
Fuis loin de la cage brillante
Que t'offre un perfide oiseleur ;
  Ne quitte jamais Flore,
  Même au sein des hivers ;
  Car les fers que l'on dore
  N'en sont pas moins des fers.

Chante en paix, en paix, en paix,
Doux Rossignol de ce bocage :
Puisse l'air de l'esclavage
  Ne t'atteindre jamais !

L'Homme ermite.

Air *du Comédien.*

Bruyant chaos, seul habitant des villes,
Ton vain éclat ne m'a jamais séduit :
En répétant quelques gais vaudevilles,
J'attends ma fin dans un simple réduit.

Vieux possesseur d'une frêle existence,
Je n'eus jamais un triste souvenir ;
Je tomberai, je connais ma sentence ;
Mais sans trembler je fixe l'avenir.
Loin des mortels qui reçoivent le sacre,
Je nargue en paix le fer d'un assassin,
Et pour donner le signal du massacre,
Je n'entends pas résonner le tocsin.
Assis au bord d'une claire fontaine,
Avec Rousseau j'occupe mon loisir,
Et les trésors du divin Lafontaine
Me font souvent frissonner de plaisir.

Non loin de là, sur la verte fougère,
Je vais parfois admirer la moisson ;
A mes côtés une jeune bergère,
En sautillant redit une chanson.
Noble indigence, accours dans ma retraite :
Je n'y reçois ni comtes ni barons ;
Mais tu verras les amis que je traite :
Si j'ai du pain, nous le partagerons.
Fiers vétérans que la gloire transporte,
Et qu'un seul jour la gloire abandonna,
Venez, venez, je vous ouvre ma porte :
Nous parlerons d'Arcole et d'Iéna.
Vils courtisans que le ciel en furie
Pour nous punir a placés près des rois,
N'approchez pas ma demeure chérie :
Mon bras tremblant défend encor mes droits.
Fils d'Escobar, toi qui mets à l'enchère
Les lois d'un Dieu que tu crois impuissant,
Eloigne-toi ; la vertu m'est trop chère :
Je n'aime pas les paroles de sang.

Bruyant chaos, seul habitant des villes,
Ton vain éclat ne m'a jamais séduit ;
En répétant quelques gais vaudevilles,
J'attends ma fin dans un simple réduit.
Mais trop souvent, dans ma vive allégresse,
Un bruit lointain jusqu'à moi correspond ;

J'entends des cris, ils viennent de la Grèce.
J'écoute en vain, personne n'y répond.
La Liberté lui serait infidelle !
Quoi ! ses efforts seront-ils superflus !
Nobles guerriers, rangeons-nous autour d'elle,
Du sang chrétien sachons tarir le flux;
Du Borysthène aux rives de la Loire
Portons la mort au cruel musulman.
Volez, Français ! oui volez à la gloire,
Sur les débris de l'empire ottoman.

Bruyant chaos, seul habitant des villes,
Ton vain éclat ne m'a jamais séduit;
En répétant quelques gais vaudevilles,
J'attends ma fin dans un simple réduit.

C. L.

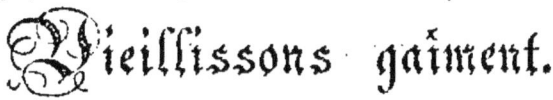

Air : *Voilà pourquoi, gentille chansonnette.*

Nous vieillissons, le sort inexorable
Marbre déjà le noir de nos cheveux ;

Notre main tremble, et parfois sur la table
Laisse échapper des gouttes d'un vin vieux ;
Mais c'est en vain qu'en sa démarche altière
Le temps jaloux nous mine sourdement,
Couronnons-nous de roses et de lierre ;
Aimons-nous bien, et vieillissons gaîment.

Ils ne sont plus ces temps de douce ivresse,
Où sans regret, prodiguant nos beaux jours,
Nous escomptions notre folle jeunesse
Contre un billet signé par les amours ;
Mais dans les bois de la fleur printannière
On jouit mieux en marchant doucement.
Couronnons-nous de roses et de lierre ;
Aimons-nous bien, et vieillissons gaîment.

Qu'à l'avenir les feux des premiers âges
Cessent enfin d'exciter nos regrets ;
Trop de chaleur soulève les orages :
L'air est plus pur quand le temps est plus frais ;
Mais que du nord la bise meurtrière,
Grâce à Bacchus, frappe plus mollement :
Couronnons-nous de roses et de lierre ;
Aimons-nous bien, et vieillissons gaîment.

Rappelons-nous nos erreurs tant jolies ;
Des jeunes gens excusons les faux pas ;

N'avons-nous point comme eux eu nos fous..
N'auront-ils point comme nous nos frimas ?
Enrôlons-les sous la vieille bannière,
Qui dans nos mains tremble légèrement.
Couronnons-nous de roses et de lierre ;
Aimons-nous bien, et vieillissons gaîment.

De l'horizon de notre belle France,
Si maint nuage un jour cachait l'azur,
Le verre en main, bercés par l'espérance,
Rêvons encor, rêvons un ciel plus pur.
Pensons enfin que des flots de lumière
Éclairciront plus tard le firmament.
Couronnons-nous de roses et de lierre ;
Aimons-nous bien, et vieillissons gaîment.

Loin d'exhumer des souvenirs arides,
Servons d'exemple à nos petits neveux ;
Venez, amours, gravez-vous sur nos rides,
Et toi, Bacchus, pourpre-nous de tes feux.
Dernier soleil, retarde ta carrière ;
Derniers beaux jours, coulez plus lentement.
Couronnons-nous de roses et de lierre ;
Aimons-nous bien, et vieillissons gaîment.

E. D.

Le vieux Soldat grec.

Air: *Et de couleur je n'ai jamais changé.*

Qu'ai-je entendu ?.... la trompette guerrière
Résonne au loin. Hélas! j'ai trop vieilli;
Mais si mon bras a rempli sa carrière,
A cet appel mes fils ont tressailli :
En m'embrassant ils demandent des armes,
Les reverrai-je ?... au déclin de mes ans
Je puis encor répandre bien des larmes.
Dieu des combats, veille sur mes enfans!

Fier musulman, ton trône despotique
Ira bientôt effrayer les enfers ;
Tu courberas ta tête fanatique
Devant le Roi qui régit l'univers.
Fils de l'orgueil, vainement tu nous braves ;
Je vois déjà tes membres palpitans
Se partager sous les coups de nos braves.
Dieu des combats, veille sur mes enfans !

Quel vil prophète a conduit au carnage
Un peuple entier d'esclaves égarés ?
Ne sait-il pas qu'on oppose à sa rage
Cent bataillons par le ciel inspirés ?
La Liberté, notre idole, nous crie :
Sauvez mes jours ou tombez dans nos rangs,
S'il faut mourir ou venger sa patrie !
Dieu des combats, veille sur mes enfans !

Les étendards s'abordent en silence,
Les deux partis semblent inanimés ;
Mais la discorde au milieu d'eux s'élance,
Et ses brandons vont être consumés.
Je vois briller des flammes dévorantes ;
Demain la mort et l'appareil des camps
Remplaceront vingt cités expirantes.
Dieu des combats, veille sur mes enfans !

Un fer mortel, chassé par le salpêtre,
S'élance, vole et retombe en éclats :
Le fier croissant bientôt va disparaître ;
L'heure a sonné, partout j'entends le glas.
De nos coursiers, la troupe vagabonde,
Déchire encor des cadavres sanglans.
Un cri d'horreur vient d'effrayer le monde.
Dieu des combats, veille sur mes enfans !

Ainsi chantait un des fils de la Grèce.
«Ah! disait-il, j'attends mon dernier jour;
Je puis mourir»: et dans sa douce ivresse
Il répétait aux échos d'alentour :
« Allez porter du couchant à l'aurore
Le bruit guerrier de nos pas triomphans;
Puis avec moi venez redire encore :
Dieu des combats, veille sur mes enfans! »

C. L.

Air : *de l'Hirondelle et l'Exilé.*

Courons après une gloire plus douce
Que la splendeur des Bayards, des Nemours;
Qu'Aï pétille, et que sa blanche mousse
A chaque halte attire les amours ;
Pour embellir jusqu'aux dernières pauses,
Ménageons-nous maint joyeux souvenir ;
Et pour cacher nos rides sous des roses,
Semons de fleurs les champs de l'avenir. (*bis.*)

Combien d'auteurs admirés par la France
Ont vu des fers enchaîner leur essor ;
Mais leur front calme au sein de la souffran
A leurs bourreaux semblait sourire encor.
« Ah ! disaient-ils , que la nature entière
» De nos tourmens un jour ait à rougir ,
» Faisons jaillir des torrens de lumière ,
» Semons de fleurs les champs de l'avenir.

Quand ces soldats, fils de nos républiques ,
A demi nus s'élançaient aux combats ,
Un contre dix , ces hommes héroïques ,
Tombaient, mouraient , et ne se plaignaien
Ils s'écriaient : « D'un siècle de prodiges
» L'aurore enfin est prête à revenir,
» Dût notre sang en arroser les tiges ,
» Semons de fleurs les champs de l'avenir.

Dans les cachots , lorsqu'au bord de la Loi
La Chalotais portait ses cheveux blancs,
Son *Cure-dent*, d'immortelle mémoire ,
De Loyola foudroyait les enfans ;
Il écrivait : « Dût le bras des Jésuites
» Sur notre tête un jour s'appesantir,
» En extirpant ces racines maudites,
» Semons de fleurs, les champs de l'aveni

Sans incliner son front vers la poussière,
Missolonghi voit crouler ses remparts ;
Et s'échappant d'une voix mâle et fière
Ces mots sacrés, volent de toutes parts :
» Puisque l'Europe a trahi les Hellènes,
» Seuls contre tous enfin s'il faut mourir,
» Que notre sang rouille et ronge nos chaînes,
» Semons de fleurs les champs de l'avenir.

Sur le duvet aussi bien que sur l'herbe,
De nos destins vacille le flambeau ;
Tel qui s'éveille en un palais superbe,
Le même soir s'endort dans un tombeau.
Hâtons-nous donc, il en est temps peut-être,
Vidons, vidons la coupe du plaisir ;
Et, dussions-nous mourir sans les voir naître,
Semons de fleurs les champs de l'avenir.

E. D.

 Le Gastronome.

Air : *Quand on est mort, c'est pour long-temps.*

Mangeons, mangeons, morbleu ! mangeons,
    Que tout entre,

Amis, dans notre ventre.
    Sautez, goujons,
    Poulets, pigeons.
Que tout tremble quand nous mangeons !

    Un dieu m'escorte :
    Le grand Comus
    Du gai Momus
M'a désigné la porte.
    Noble cohorte
    De francs buveurs,
    Je vous apporte
Ses dogmes enchanteurs.
    Sages et fous,
    Accourez tous,
    Soyez jaloux
De ma face bouffie
    Loin des amans,
    Des sentimens
    Je sacrifie
Au père des gourmands.

Mangeons, mangeons, morbleu ! mangeons, etc.

    Sur les deux mondes,
    Pourquoi, souvent

Un froid savant
Fait-il donc tant de rondes !
Cent mappe-mondes,
Mille compas,
Les cieux, les ondes,
Valent-ils un repas !
Moins curieux,
Plus envieux,
J'aimerais mieux
Une sauce nouvelle.
Petits gourmets,
N'usez jamais
Votre cervelle
Que pour l'honneur des mets.

Mangeons, mangeons, morbleu ! mangeons, etc.

J'ai vu naguère,
Dans leur palais,
Des roitelets
Trembler au nom de guerre.
La vie est chère,
Quand les plaisirs,
La bonne chère,
Comblent tous nos désirs.
Amis des plats,
Ne laissons pas

Aux potentats
Le meilleur de la bête.
Chacun cuira
Ce qu'il voudra ;
Tenons-lui tête,
On nous en donnera.

Mangeons, mangeons, morbleu! mangeons, etc.

Pour nous défendre
Contre les Rois
Qui sur nos droits
Oseraient se méprendre,
Sans plus attendre
Serrons nos rangs,
Allons apprendre
A punir les tyrans.
Pour les combats,
Nobles soldats,
Armez vos bras,
Et suivez ma bannière.
Braves guerriers,
Vos prisonniers,
En temps de guerre,
Seront tous cuisiniers !

Mangeons, mangeons, morbleu! mangeons, etc.

Que la fumée
De nos ragoûts
Charme les goûts
De l'une et l'autre armée ;
L'âme embaumée,
Donnons des lois :
La renommée
Publiera nos exploits.
Que des moissons,
De saussissons
Dans nos caissons,
Nous servent de cartouches ;
Qu'à notre aspect
Le plus suspect,
Les plus farouches
Frémissent de respect.

Mangeons, mangeons, morbleu! mangeons, etc.

Que des fourchettes
Soient nos poignards,
Nos étendards,
Les plus larges serviettes ;
Et des assiettes,
Nos boucliers ;
Nos baïonnettes,
Des broches par milliers.

Le bon moyen
Sera le mien ;
Ne craignons rien,
Nos armes sont divines.
Brûlons bâtons,
Ne respectons
Que les cuisines
Et tous ses marmitons.

Mangeons, mangeons, morbleu ! mangeons,
Que tout entre,
Amis, dans notre ventre ;
Sautez, goujons,
Poulets, pigeons,
Que tout tremble, quand nous mangeons !

C. L.

Imp. de Sétier, cour des Fontaines, n. 7, à Paris.

CONDITIONS DE LA SOUSCRIPTION.

Le prix de chaque Livraison, pour les personnes qui n'auront pas souscrit d'avance, sera porté à 75 centimes.

Lorsque le volume sera complet, il en sera délivré gratuitement, en sus de la souscription, un exemplaire avec vignette et titre gravé, à chacune des personnes qui auront exactement suivi le cours des livraisons.

En recevant une livraison, on sera tenu de payer la suivante, afin d'être toujours en avance de 50 centimes, qui serviront à payer la dernière.

Ces livraisons paraîtront à des époques très-rapprochées, et seront composées de six ou quelque fois de sept Chansons.

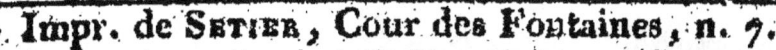

Impr. de Setier, Cour des Fontaines, n. 7.

www.ingramcontent.com/pod-product-compliance
Lightning Source LLC
Chambersburg PA
CBHW061521040426
42450CB00008B/1731